E. ALBERT BABEAU

NOTES
ET
CROQUIS D'ESPAGNE

DESSIN INÉDIT D'IGNACIO ZULOAGA

LITHOGRAPHIE DE MAXIME DETHOMAS

PARIS

SOCIÉTÉ GÉNÉRALE D'IMPRIMERIE ET D'ÉDITION LEVÉ

1914

NOTES

ET

CROQUIS D'ESPAGNE

E. ALBERT BABEAU

NOTES ET CROQUIS D'ESPAGNE

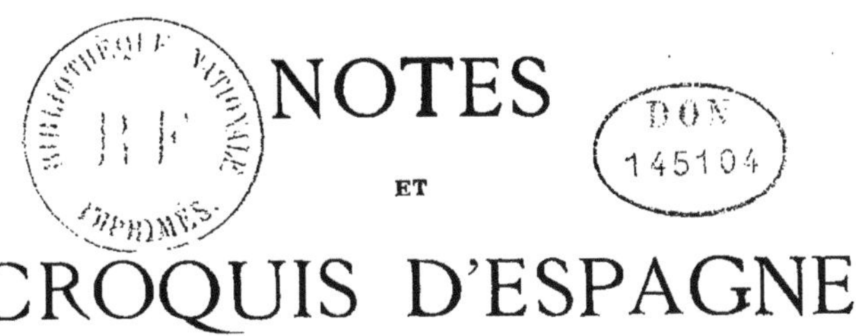

BURGOS — AVILA — TOLÈDE
JEAN DE BOURGOGNE

DESSIN INÉDIT D'IGNACIO ZULOAGA
LITHOGRAPHIE DE MAXIME DETHOMAS

PARIS
SOCIÉTÉ GÉNÉRALE D'IMPRIMERIE ET D'EDITION LEVE

1914

Fontarabie.

Mars 1913.

J'avais étudié et préparé un voyage en Grèce et voici qu'un wagon déplorable, à travers la nuit, m'entraîne vers l'Espagne. Je ne respirerai pas les violettes d'Athènes.

A Saint-Sébastien, je retrouve l'ami qui doit être le compagnon de route. Des confortables couloirs du lent « rapido » je note : une famille espagnole, favorisée d'une ribambelle de jeunes filles dont quelques-unes ont un teint de pêche, des yeux et des cheveux noirs admirables, et dans le « salon » deux grands d'Espagne, je pense, si nobles, si imposants qu'ils semblent en rupture de pierre tombale.

Les derniers contreforts des montagnes basques viennent de faire place à la plaine. Dans la monotonie ensoleillée des grandes terres, je songe à mon arrivée si différente, il y a deux ans, dans ce pays. A la fin du jour j'avais traversé le col de Roncevaux ; au lieu du défilé sauvage que je rêvais, j'avais par-

(5)

couru un vallon boisé. La vaste prairie normande qui s'étend devant le monastère avait reçu doucement la chute de mes souvenirs épiques. Une pauvre auberge nous attendait, mon ami et moi, au village blanc de Burguete, envahi soudain par une ombre épaisse. La nuit fourmillait d'étoiles ; dans la robuste église, de petits cierges brûlaient sur le sol. Je ressentis soudain un grand enthousiasme et... l'impérieux désir d'acheter des cartes postales illustrées. Pour nous conduire à l'humble boutique dont la fenêtre donnait sous un vaste porche, notre hôtesse appela ses fillettes : « Flora ! Chiquita ! » et ce fut sous la conduite gracieuse et souple de deux ravissantes « ninâs » que je fis mes premiers pas sur le sol d'Espagne.

Je me souviens encore de notre conversation, dans l'étroite salle à manger de l'hôtel, avec deux lords, un prêtre et le capitaine des « carabineros ». Elle se poursuivit en latin et se termina par une controverse sur un texte des *Commentaires* de César...

Maintenant à notre gauche s'élève sur un tertre la chartreuse de Miraflores. Burgos se profile au loin.

Route de Miraflores.

Burgos.

La place Saint-Lesmes. — La cathédrale. — Le jardin sur la rivière. —
L'acropole.

A l'Est de la ville, la petite place Saint-Lesmes est accueil-
lante au voyageur français. Pourchassé par le vent qui balaie les
plateaux de Castille, il a erré le long du
« rio », encombré de laveuses. Devant
l'hôpital San Juan est un banc
où les convalescents doivent
parfois venir s'asseoir et contempler la vie rendue. Là, qu'il
s'arrête et regarde : une porte
voûtée conduit dans la cité ;
un vieux pont flanqué de lions
héraldiques franchit un petit
canal que termine, comme à
Venise, la perspective d'une
église. Où trouver un plus pit-
toresque décor ? Au campanile
de Saint-Lesmes, les cloches

Manoir d'Hernandez de Velasco.

se mettent à sonner, non pas en encensant comme doit faire
toute bonne et coutumière cloche, mais en tournant dans le
ciel, à toute vitesse.

Oh ! le son rèche des cloches d'Espagne ! Le matin je les

entends se mêler aux aigres appels des trompettes de cavalerie du quartier voisin et nos réveils sont héroïques.

Pendant près de trois jours j'ai vécu dans la cathédrale. Depuis le xiiiᵉ siècle, la gigantesque forêt a gardé toutes ses frondaisons qu'aucun hiver n'est venu détruire. Je crois que ce lieu est le premier du monde pour étudier l'histoire de la sculpture chrétienne. Plus que dans les enjolivements de la Renaissance, j'ai reconnu, dans les attitudes nobles et calmes des statues du xiiiᵉ siècle, la majesté tranquille et simple de certaines œuvres de l'antiquité. Je me demande avec inquiétude ce que penseraient de cette impression nos éminents archéologues (1)? Dans le cloître, les personnages de deux portails gothiques de toute beauté m'ont donné la sensation de la perfection dans l'attitude, avec en plus, ce qui manque aux temps antiques, cette expression par laquelle une âme se révèle. De tant de chefs-d'œuvre pourtant une fatigue se dégage. Ils sont trop! Comme une poule abrite sous ses ailes d'innombrables poussins, la cathédrale de Burgos recueille de tous côtés des chapelles grandes comme des églises. Encore si l'on pouvait ranger dans l'une d'elles le « coro », cette masse immense qui érige, devant la porte d'entrée, un mur implacable et détruit toute perspective! Il contient, je le sais, des stalles magnifiques, mais je suis las de tous

(1) L'un des plus autorisés d'entre eux, consulté avec déférence (les archéologues et les architectes doivent être abordés avec toutes nos puissances de respect), a bien voulu me confirmer que des principes semblables avaient en effet régi les artistes du xiiiᵉ siècle et ceux de l'antiquité : pensées simples et grandes que traduisent des types généraux excluant, presque toujours, l'individualité du portrait.

Cathédrale de Burgos.

ces détails et je préférerais une vue d'ensemble; les bas-
reliefs de Philippe de Bourgogne, qui m'ont enthousiasmé le
premier jour, commencent eux-mêmes à me lasser. Je me réfugie dans la chapelle de Sainte-Thècle que mon guide déclare
d'une ornementation de mauvais goût. Ce qui est certain, c'est
qu'elle est du xviiie siècle avec une coupole en style « rococo »
où l'on voit des paniers fleuris et des petits anges qui semblent
être venus pour quelque marché céleste. Le tout est d'une
polychromie très fondue, très agréable, et sur l'un des autels de
cette chapelle il y a une sainte qui doit être très bonne aux
petits enfants car, en ce moment, j'en vois sept agenouillés sur
la marche inférieure.

Les églises de Saint-Nicolas, Saint-Gil, Saint-Esteban, con-
tiennent également un peuple innombrable de statues qui
habitent pour la plupart des retables gigantesques.

Devant la rivière est un petit jardin qui m'apparaît à la fois
ridicule et touchant. Son ordonnance irréprochable conduit, à
travers une rangée d'ifs taillés et un alignement de statues du
plus mauvais style classique, à une perspective fermée par
une porte de la Renaissance, flanquée de six tourelles, qui est
l'œuvre d'un chanoine. Des archéologues restaurateurs feraient
un jardinet gothique! Ils auraient tort : il est bon qu'une ville
garde l'empreinte de tous ceux qui l'ont habitée et aimée. Les
goûts sont changeants : qui nous dit que revenant de Ver-
sailles, l'ambassadeur d'Espagne auprès du Roi-soleil n'a pas
cherché ici la fraîcheur de l'eau et largement souri aux petits
ifs taillés près de la rivière, se reposant de la vue des monuments de Burgos « bâtis par les Goths » ?

Ravagés par le vent, les environs de Burgos aux horizons trop

Arc de Sainte-Marie.

nets me disent ma Champagne. J'y retrouve son sol pierreux,
ses grands paysages célestes et sa monotonie. Que suis-je venu
chercher dans ce pays, me demandais-je sous le ciel gris ? Ces
églises gothiques, ces maigres saules qui entourent la cité, je
les connais. Ces laveuses, penchées sur d'étroits ruisseaux,
sont celles du faubourg Saint-Jacques à Troyes ; sans le soleil,
la riche teinte rouge du sol, si caractéristique ici, est elle-même

ternie. Comme je devisais ainsi avec mon désenchantement, je montais à la citadelle, sévère acropole qui domine la ville. Tout à coup, d'un nuage immense, enflammant la cathédrale, le soleil ruissela. Je m'assis près d'une porte arabe sous laquelle un troupeau passait ; de là, je me flattais de gagner la solitude. Mais six petites filles me suivaient, me demandant l'aumône d'une voix aigre et déchirante. Les lignes des collines étaient infiniment pures ; je remarquais que l'une d'elles ressemblait au Lycabette et mon enthousiasme luttait avec mon exaspération. En haut d'un tertre, dominant ses sujets, je veux dire ses moutons, un berger, drapé comme un roi dans une couverture pourpre, mettait une couleur écla-

Porte Saint-Martin.

tante parmi les autres teintes dont il déterminait la valeur. Je vis alors que je n'étais plus sur le petit mont pelé, proche de ma ville natale. La cathédrale se blottissait au pied de la colline. Un immense plateau s'étendait à l'horizon, sans aucune brume, dans une impitoyable netteté de lignes. Et, semblables à des vagues immenses déferlant contre une jetée, des trois côtés de l'horizon, des sierras, couvertes de neige, venaient, comme des flots blancs d'écume, se briser contre ce plateau.

D'immenses volutes nuageuses absorbaient tous les rouges bruns répandus dans l'air, nuées héroïques qui veulent au premier plan, comme dans les tableaux de Wouvermans, des charges de cavalerie. Il manquait une chevauchée. Elle vint : des lanciers de Bourbon, caracolant dans les rochers, firent résonner du pas de leurs chevaux le petit pont-levis de la vieille poudrière et, de là, saluèrent la fin du jour.

Le vent en passant dans les maigres peupliers de la vallée faisait entendre un bruit de rivière sur les cailloux. Puis, comme un manteau de glace, le froid de la nuit tomba. Je redescendis lentement vers des rues empuanties. Auprès des tours arabes des enfants jouaient à se frapper avec violence.

Coucher de soleil sur l'Arlanzon.

Tolède.

La poussière au soleil. — Un paysage de Mantegna. — Au fil des rues. —
Les aigles de Saint-Jean-des-Rois. — Le Vendredi Saint.

Inattentifs à l'entrée clandestine du printemps dans nos jardins du Nord, c'est sur les routes du Midi que nous voulons aller au-devant de la saison nouvelle. Par la pluie, le vent et le froid, Burgos avait déçu notre impatience. Mais sur la route qui monte de la gare à Tolède, par le pont d'Alcantara, un nuage de poussière tourbillonna dans le soleil. Des mules empanachées enlevaient allègrement des carrioles trop chargées. Des femmes, couvertes de châles aux couleurs éclatantes et portant sur leur hanche une cruche arrondie,

Promenade des roses.

allaient à la fontaine. Le renouveau était aux portes de la ville.

Ainsi la jeune danseuse frappe le sol de son talon léger et, à cet appel, s'éveillent en nous toutes les musiques endormies.

Sur un rocher abrupt qui domine le Tage, Tolède dresse sans ordre ses églises, ses palais et ses hautes demeures. Dans cette confusion cependant une hiérarchie apparaît ; la cathédrale, l'Alcazar, actuellement école militaire, le séminaire impriment sur la cité leur relief supérieur et en dégagent la discipline.

Un patio.

Du côté de Madrid, le site apparaît déjà comme prédestiné. On songe à la Jérusalem du tableau de Mantegna : le Calvaire.

Les escaliers, les chemins pierreux s'élancent à l'assaut de la colline : des rampes droites, des marches pénibles imposent l'effort. Une porte voûtée donne accès dans la cité, et, contraste imprévu, conduit à une place bordée de cafés et de boutiques. C'est le fameux Zocodever, chanté par Cervantes, paisible place de province, banale et sans caractère ; unique concession, avec la rue du Commerce voisine, aux architectures modernes et à leur indifférence, ainsi qu'il nous apparut au bout d'un instant.

Partout la rue s'insinue et serpente entre de hautes murailles : peu d'ouvertures, des lucarnes, quelques fenêtres presque toujours grillagées. Une arcade franchit la voie publique :

sommes-nous à Sienne? Des moucharabiehs la surplombent; est-ce le Caire? Une sévère porte de bois plantée de clous énormes, apparaît entre deux colonnes; un patio arabe, délicieux d'intimité nous livre sa fraîcheur et son coloris raffiné : c'est Tolède.

Il est bien difficile, à la vue des mosaïques si délicieusement polychromées, des délicats ornements de plâtre qui, le long des murs, poursuivent leur inextricable jeu, de ne pas ressentir, tout d'abord, pour cet art d'Orient une réelle tendresse. Un plafond merveilleusement travaillé s'abaisse en stalactites constellées d'alvéoles : mes pensées ont reconnu la ruche de l'abeille et, joyeuses, s'y suspendent comme un essaim. Mais le charme est passager; à peine suis-je sorti que l'enchantement cesse : la fière église de Saint-Jean-des-Rois accroche

*La Porte-Neuve
et le Pont Saint-Martin.*

à ses murailles, comme autant de trophées, les fers des chevaliers prisonniers de l'infidèle et délivrés. J'oublie l'art vaincu.

Dans le chœur de cet édifice, des aigles géants et portant dans

Église Saint-Jean-des-Rois.

leurs serres des écussons immenses regardent l'autel. L'effet est saisissant. On songe à la parole de l'Evangile.

Partout où sera le corps, là les aigles s'assembleront.

(SAINT-MATHIEU XXIV-28.)

Une noble et triste musique monte de la ville où la procession du vendredi saint déroule sa traditionnelle ordonnance. De touchantes statues, placées sur des plates-formes élevées, s'avancent, soutenues par de robustes épaules. Autour des groupes : les autorités religieuses, civiles et militaires ; des pénitents, la tête cachée par la haute cagoule et le cierge en main ; des hommes d'armes dans des équipements authentiques des temps passés, bardés de fer, coiffés de la salade et frappant le sol de leur hallebarde. Admiratif, un enfant passe ses petites mains potelées sur la froide cuirasse rebondie d'un reître gigantesque.

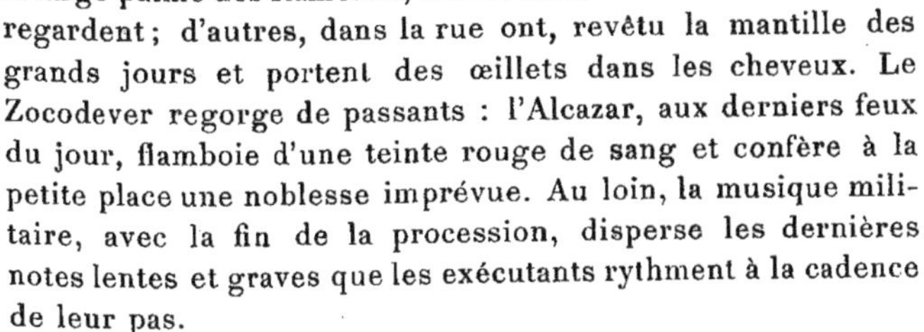

Partout une animation inaccoutumée : aux balcons de fer grillagés que souligne la large palme des Rameaux, des femmes regardent ; d'autres, dans la rue ont, revêtu la mantille des grands jours et portent des œillets dans les cheveux. Le Zocodever regorge de passants : l'Alcazar, aux derniers feux du jour, flamboie d'une teinte rouge de sang et confère à la petite place une noblesse imprévue. Au loin, la musique militaire, avec la fin de la procession, disperse les dernières notes lentes et graves que les exécutants rythment à la cadence de leur pas.

La nuit vint splendide. Nous descendîmes sur les bords du Tage et au-dessus du château de San Servando, admirable ruine qui partout ailleurs attirerait par sa rude masse, mais ne semble ici qu'un accessoire sans importance du décor, nous gagnâmes une croix solitaire. Nous étions bientôt étendus à ses pieds de toute notre longueur, tels peut-être que les deux larrons lorsqu'ils eurent été décrochés. La voûte du ciel, comme dans les belles soirées d'Orient, était non pas noire, mais bleutée, d'une couleur de plus en plus sombre à mesure qu'elle se rapprochait du zénith. Comme un encens mystérieux, la rugueuse colline laissait envoler des mille petites herbes, perdues entre les pierres, des parfums pénétrants. Nous regardions, sans nous lasser, les étoiles innombrables, la ville toute piquée de lampes électriques qui semblaient des diamants et se reflétaient dans le Tage. Comme dans *Parsifal*, nous goûtions l'Enchantement du vendredi saint.

La place Saint-Jean-Baptiste. — Les bords du Tage. — Les cigarrales.

Les hautes colonnes d'une église dominent des marches ensoleillées où jouent des enfants graves. Devant cette façade s'étend une petite place que termine un jardin : les panaches de deux eucalyptus découvrent, en s'écartant, la tour de la cathédrale qui s'élance comme un lys rouge. Au premier plan est une fontaine.

Le machinisme moderne est hostile à la beauté, mais elle se plaît encore auprès des fontaines. Qu'elle offre à l'eau fraîche la cruche arrondie, semblable à une amphore, ou que dans un effort léger, elle l'emporte embuée sur sa hanche ou son épaule, la porteuse d'eau a gardé le secret des lignes harmonieuses. Une jeune fille, dans la plénitude de sa beauté se pencha vers l'eau fuyante; sur cette place qui avait le vocable de Saint-Jean-Baptiste, je songeais à la *Salomé* d'Henri Regnault.

Porte du Soleil.

Un vent venu d'Orient souffle sur Tolède ; dans les parfums des tilleuls, les jardins de la vieille Alle-

magne sont les décors naturels où Marguerite dira sa romance, mais ici les murs semblent faits pour résonner du chant de Dalila. Et j'écoute avec avidité le compagnon de route qui a retrouvé les paroles bibliques et les martèle de sa voix :

4. Après cela, il aima une femme qui demeurait dans la vallée de Sorec et s'appelait Dalila.

6. Dalila dit donc à Samson : Dites-moi, je vous prie, d'où vous vient cette grande force...

15. Alors Dalila lui dit : comment dites-vous que vous m'aimez, puisque votre cœur n'est point avec moi.

(Les Juges, Chap. xvi.)

3

Chapelle de Notre-Dame-de-l'Espérance.

De la charmante chapelle de Notre-Dame-de-l'Espérance on découvre, vers le château de Saint-Servando, une vue admirable; puis le terrain s'abaisse brusquement et descend jusqu'au Tage. Les pentes pierreuses, aux lignes très nettes et très simples, forment un défilé dans lequel semblent se perdre les eaux tranquilles. Des moulins rares et sans vie ; au milieu du courant une vieille tour ruinée, un rempart qui croule sur le flanc de Tolède paraissent les débris d'une cité abandonnée et très lointaine. De gros blocs de rochers encombrent une petite plage de sable où des laveuses sont venues. Quelques oiseaux effleurent les ondes d'un vol rapide : lorsque le vent, s'engouffrant dans le vallon, agite les courtes vagues, il me semble que l'on doit entendre monter une plainte arabe dans l'air désolé. Mais le fleuve est mort, comme ses rives immédiates : parfois seulement un bac, pauvre esquif à six côtés sommairement joints, conduit un pèlerin qui veut monter à l'ermitage de la Vierge de la Vallée, au-dessus du gouffre, sur la colline, où la vie est revenue.

Rives du Tage.

Pont Saint-Martin.

Suivons-le : après l'ermitage nous nous heurtons aux « cigarrales » qui sont de vastes clos d'oliviers. Du rocher où la ville est bâtie, on les voit de toutes parts aux environs, verdissant les terres rouges de leur feuillage discret. Des nuages énormes ont des formes rocheuses qui les apparentent au site, et font à Tolède obscurcie un dais sombre où passent des reflets de pourpre. La pluie tombe, cependant qu'au loin, vers Madrid un rayon de soleil très pur glisse d'un ciel d'émeraude.

L'averse ne dure que peu de temps. Les troupeaux rentrent vers leurs étables, à travers les senteurs des plantes qui s'épanouissent dans l'humidité. Nous gagnons la campagne en suivant les murs blancs qui protègent les arbres sacrés. En route, nous passons devant des « ventas » soigneusement blanchies à la chaux. Un auvent les protège de l'ardeur du jour : parfois un puits, pareil à ceux de Tunisie, est auprès de la porte.

D'un tertre élevé, nous contemplions par delà les olivettes, le coucher du soleil. Bordant la plaine bleue, des sierras mêlaient leurs teintes légères aux harmonies du ciel. Descendant vers Tolède, nous rencontrâmes en chemin une silhouette admirablement drapée, qui, le long des oliviers, s'en allait dans la nuit tombante. Il nous vint à tous deux ces mots : la fuite en Egypte. La ville, maintenant déployée devant nous comme un livre divin, formait un sublime décor. Puis, brusquement, du voile, une voix rauque d'Espagne s'éleva, chantant sur un rythme lent, repris à intervalles également espacés, une « malaguegna » désespérée. C'était quelque bon vieux qui regagnait sa « venta ». Mais je n'y voulais pas croire et je regardais, toujours extasié, cette silhouette parfaite qui, le long des oliviers, aux dernières lueurs du jour, s'en allait, au pas tranquille d'un ânon, vers la campagne solitaire et qui, un moment, m'avait fait entrevoir les tableaux immortels.

Auprès des oliviers.

Tolède : Une rue.

C'est un charme d'errer
la nuit dans les rues de
Tolède.

Après le dîner, nous
allions sans but entre les
hautes murailles, sou -
cieux, toutefois, de poser
sur le rude pavage la partie de nos pieds qui avait,
dans la journée, subi le
moindre dommage au con-
tact du sol. Parfois, une
petite chapelle, que des
lampes éclairent, projette
un reflet lumineux sur la
pierre séculaire, puis
l'obscurité s'épaissit à nouveau. Le silence est venu.
Les enfants qui nous pour-
suivaient de la supplica-
tion : « una perrita », une
petite chienne, expression populaire pour désigner l'humble
pièce qui porte à son revers un lion minuscule, sont cou-

(28)

chés. Comme la campagne, la ville est devenue silencieuse.

Cependant, au tournant d'une rue, un bruit tumultueux s'élève et se précise. Un orgue de barbarie répand dans l'air son déluge de notes mécaniques, et ce sont encore des harmonies tristes et graves. Nous approchons. Des couples dansent sans bruit, lentement, et assez semblables à des ombres. Les costumes ne présentent aucun caractère. Les couleurs, à cette heure, sont éteintes, et les hommes, que vulgarise la casquette, ont assez l'air de figurants prêts à exécuter cette ignoble valse chaloupée qui fit découvrir, entre les rôdeurs de barrière et une certaine société, la même communauté d'esthétisme. Pourtant, le « fandango » précipite ses mesures cadencées et, tout à coup, dans ce faubourg perdu, un dieu passe. Il fait de toutes ces vulgarités, de toutes ces laideurs, une harmonie. C'est le rythme ! Il ne s'apprend pas ou plutôt de longues générations sont nécessaires pour initier à sa discipline. Pas d'éclats de voix, pas d'exagération du geste, mais ces mouvements, à la fois uniformes et infiniment variés, où une ordonnance invincible révèle une puissance supérieure. Puis, le « fandango » accompagné de claquements de doigts cesse, et de nouveau, pendant que, perdus, cette fois, pour de bon, nous recherchons notre chemin, des airs désespérés nous poursuivent encore le long des palais morts et des remparts abandonnés.

J'assiste, le jour de Pâques, à la messe célébrée à la cathédrale, dans la chapelle de Santiago. Devant l'autel, les tombeaux du connétable de Luna et de doña Juana, sa femme, élèvent leur lourde masse, flanqués de chevaliers de Saint-Jacques et de moines franciscains agenouillés. Sur le tapis de cordes qui recouvre le sol, des femmes en noir prient. L'une d'elles appuie fraternellement sa main sur l'épaule d'un des chevaliers de marbre et ces deux statues immobiles, l'une de pierre et l'autre vivante, regardant toutes deux l'autel et, penchées à l'ombre d'une tombe, établissent le symbole magnifique de la continuité dans la prière.

Une musique apaisée se répand dans tout l'édifice. Elle arrive jusqu'à cette chapelle éloignée, comme le vent de la forêt qui résonne encore dans les taillis, après avoir traversé la futaie. La cathédrale est l'un des plus beaux monuments religieux qui aient jailli du sol. Plus que Burgos, elle a l'unité des lignes et leur envol. Pour vestibule, elle possède l'un des plus grands cloîtres d'Espagne.

Cathédrale de Tolède.

Le jour de notre arrivée, des enfants exaspérants et réjouissants à la fois, nous avaient agrippés en prétendant nous conduire à la « casa del Greco » et à l'église qui renferme le tableau de l'enterrement du comte d'Orgaz. Le hasard de la route a fait que cette œuvre est la première du Greco que j'aie contemplée à Tolède. J'avais à l'esprit le bel ouvrage dans lequel M. Maurice Barrès explique et vivifie sa découverte ; je contemplais les figures expressives et leur vision. Au milieu des voyageurs indifférents et des cicérones odieux, je retirais de ces moments mélangés une forte impression. J'avoue, cependant, que la casa del Greco, aménagée soigneusement pour les touristes, me fut une désillusion.

Certes, il me plaît de voir qu'un Grec élève l'art qui fit l'orgueil de sa race jusqu'aux représentations des visions et à leur intelligence, mais je m'inquiète de découvrir sur sa palette tant de couleurs qui sont vénitiennes et qui, à la différence de celles de Velasquez et de Ribera, ne se retrouvent pas dans le paysage d'Espagne. D'autre part, les vrais artistes espagnols, tels que Ribera et Murillo, ont un autre respect du corps humain et de ses proportions divines. Il ne leur a pas été besoin de sacrifier l'harmonieux dessin de ce corps, pour lui donner l'élan religieux.

Je cherchais donc un artiste moins connu que le Greco dont l'œuvre ordonnerait mieux mes impressions de Tolède. J'avais espéré qu'à Madrid, Martinez del Mazo, le gendre de Velasquez, me dirait des paroles inapprises : je ne trouvais que des couleurs qui avaient perdu leur rayonnement et rien ne rassemblait

ma vision des « cigaralles » et l'émotion de ma belle cathédrale.

C'est un Français qui m'a donné l'harmonie que je cherchais :
écrire son nom est la seule excuse que j'aie en livrant ces notes
à l'imprimeur. Il s'appelait Jean de Bourgogne et je serais heu-
reux si quelque homme d'érudition et de goût pouvait un jour
compléter la savante étude de M. Bertaux, et dissiper les incer-
titudes qui restent encore sur sa vie et sa formation artistique.

Non loin de mon pays natal, le sol, par de larges ondu-
lations se relève rapidement jusqu'aux coteaux de l'Aube
et aux plateaux de Langres. Régions

Bords du Tage.

austères, mais non dépourvues de charme; en automne, le ciel
sans limites s'emplit du chant de l'alouette et des reflets dorés
des bois. Si un tel pays ne forme pas, par lui-même, des artistes,
du moins doit-il préparer ceux qui en comprennent la poésie,
à recevoir les enseignements de l'art. Philippe Biguerny de
Bourgogne (Vigarni) qui sculpta les splendides hauts-reliefs
du pourtour du chœur de Burgos était du diocèse de Langres
qui relevait du domaine artistique de Troyes. Jean de Bour-

gogne, d'après certains historiens de Tolède, était le frère de ce sculpteur. Cette parenté, qui n'est attestée par aucun document, a existé dans le domaine de l'art où Juan est l'aîné de Philippe.

Ce qui est certain, en tout cas, et plusieurs détails de la composition le révèlent jusqu'à l'évidence, c'est que Jean de Bourgogne est un Français et non un Flamand et que ce peintre excellent exécuta à Tolède des fresques d'un sentiment exquis qui rappelle Ghirlandajo (1).

Nous voici donc en face de ce problème passionnant : à l'aurore du xvie siècle, un Français qui ne paraît pas avoir été en Italie vient en Castille peindre des fresques florentines. La grâce champenoise, la douceur toscane, la gravité espagnole sont réunies dans les

JEAN DE BOURGOGNE

*La Vierge apportant une chasuble
à Saint-Ildefonse.*

(1) Voir : André Michel : *l'Histoire de l'Art* : Tome IV. La Renaissance en Espagne et en Portugal, par Emile Bertaux.

4

peintures de la salle capitulaire de Tolède et cette apparition brusque d'un art, où la fraîcheur s'unit au sérieux, étonnerait dans cet âpre pays, qui semble au premier abord plus harmonisé aux œuvres de la même époque de Berruguete, si, à travers les ravins du Tage, l'on n'avait surpris, au milieu des cailloux, les petites plantes finement aromatisées. Plus que le Greco par la tension pathétique de son intelligence, le Bourguignon, pénétré de la sincérité espagnole et de sa noble familiarité, me donne les notes par lesquelles le chant de ce pays me devient accessible. Par l'intermédiaire de Florence et de ma terre natale, ce compatriote me fait comprendre l'âme de Tolède et de ses olivettes.

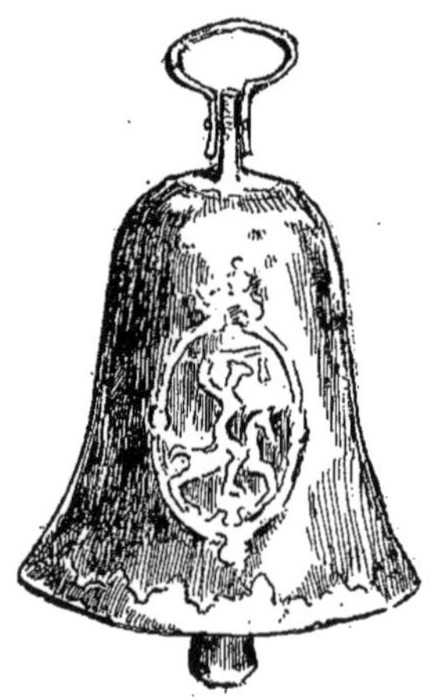

Nous avons assisté, à Tolède,
à une course de « novillos »,
jeunes taureaux que des ma-
tadors, qui ne parviendront
pas tous à la gloire, mettent à
mort sans le concours préli-
minaire des brillants picadors
et de leurs ternes rosses.
Vers quatre heures du soir, la
foule descend du haut rocher
où la ville est bâtie et remplit
le côté « soleil » de la plaza ;
l'assistance est presque exclusi-
vement populaire. Nous avions
balancé à aller à Madrid voir un
spectacle mieux ordonné, mais
Tolède, en ce jour de Pâques
nous a retenus fortement et
j'ai toujours eu un faible pour
les représentations provin-
ciales. Les acteurs y témoi-
gnent de la bonne volonté et,
en plus, de cette inexpérience
sincère que l'on doit retrouver
dans le drame réel. A la plaza,
nous avions pris des places de

Une rue à Tolède.

barrière pour mieux lire sur les faces glabres des toreros les expressions variées des jeux alternés de la frousse et de l'héroïsme. La course, qui comporta les bravos et sifflets ordinaires, « palmas y pitos », ne fut pas décevante. Je pourrai la résumer avec le journal en disant que les taureaux donnèrent de « bons résultats ». Les toreros furent vaillants et ignorants. Un banderillo tomba : l'animal revint s'acharner sur lui et l'homme eut un bras luxé. Enfin le second « espada » au moment de tuer le taureau fut si bien frappé qu'il tomba atteint, dit toujours le journal, d'une « commotion cérébrale ».

Vers la fin de la course, le populaire, mécontent d'un coup d'épée mal dirigé, envahit l'arène et tira par la queue la pauvre bête blessée. Les alguazils expulsèrent ces amateurs sans le moindre ménagement, à grands coups de latte.

En quittant la plaza, tandis que quelques spectateurs portaient en triomphe un des hommes de la « cuadrilla », je vis un prêtre sombrement drapé qui, venant sans doute de l'infirmerie, s'en retournait vers la ville, accompagné d'un petit enfant qui portait les huiles saintes. Emouvant tableau qu'un Zuloaga saurait noter avec son talent si puissant. A l'occident, une grande bande rouge crépitait dans le ciel. Nous revînmes en longeant les bords du Tage : la terre nous semblait plus colorée que d'ordinaire. De ce côté de Tolède, elle est grasse et comme pénétrée d'un engrais plus fort. Un puits à godets, activé par un manège, plongeait au fleuve, tel que les Maures l'avaient construit. Nous parlions, naturellement, du spectacle contemplé et, à ce moment, je ne savais que dire : s'il était fortifiant ou malsain. Au fond de moi, je percevais cependant un certain écœurement de mon enthousiasme. Pour apaiser mes scrupules, je regardais Tolède dans son armure de pierre et, à ses pieds, le pauvre puits mauresque. Le paysage était resté, dans ses lignes principales, tel qu'il y a cinq cents ans : aussi, sans difficulté, je me crus reporté à cette époque. Comme la couleur du sang est naturelle, me disais-je ! Ce soir, le couchant en a les reflets et la terre les nuances. Demain, nous prendrons Grenade !

Je ne songeais pas que je n'avais qu'à prendre plus modestement le train, ce qui ne demandait pas une préparation si brutale.

Pont d'Alcantara.

Hors des murs d'Avila.

Avila.

Dans la sierra. — Le vent sur les tours. — Le jardin de Sainte-Thérèse. — La cathédrale et les peintures de Jean de Bourgogne.

De l'Escurial à Avila, la ligne du chemin de fer s'élève rapidement le long des pentes de la sierra de Guadarrama. La vue s'étend d'abord au loin, jusqu'aux monts de Tolède. Une infinité de vallées et de chaînons accessoires dessinent devant un coucher de soleil où toutes les nuances se mêlent, de perspectives sans cesse changeantes : au premier plan, de grandes forêts de pins qui appartiennent au duc de Medinaceli et dans lesquelles on voit paître des taureaux à peu près sauvages.

Cependant, l'altitude augmente, la nuit tombe et l'horreur du paysage s'accroît. Pareille à une forteresse désolée, une immense sierra hausse jusqu'aux lourds nuages du couchant sa masse pathétique. Le train traverse un village lugubre, sous la neige qui commence à fondre. A travers un ravin, où broute un petit âne qu'entoure un mur minuscule, apparaît l'étrange découpure du Canto del Pico. Depuis longtemps les derniers arbres ont disparu, le sol est jonché d'énormes rochers, le plateau succède aux vallées. Nous arrivons à Avila à la nuit noire. Seule, la lourde tour d'une église se laisse deviner sur le dernier reflet lumineux du ciel.

Un bon omnibus provincial nous fait passer, après quelques cahots, sous de hauts remparts crénelés. Après le dîner, errant à l'aventure, nous circulons entre des murailles sombres et sans fin. Des ampoules électriques, brillantes et rares, semblent encore augmenter l'épaisseur de l'obscurité. Longeons-nous des couvents ou des maisons? Du fond des ruelles étroites que les étoiles semblent belles! Dans la limpidité de l'air, elles ne perdent rien de leur éclat, et le ciel, maintenant sans nuages, en est tout constellé!

Nous avons acheté hier soir des castagnettes à Avila : étrange idée qu'ici rien ne saurait expliquer. Ce matin, le froid est encore pénétrant. Châles, couvertures, cache-nez, les habitants, qui connaissent leur pays, ont tout mis à contribution; et nous n'osons pas encore nous draper dans nos couvertures de voyage. Il y aurait bien la ressource de danser avec accompagnement de castagnettes, mais décidément, le décor nous intimide. Une cinquantaine de tours massives enserrent la ville : la cathédrale s'achève en forteresse.

Les lourds blocs des remparts ne sont pas à l'échelle humaine. Avila témoigne d'abord au touriste le mépris le plus complet : à travers les tristes maisons d'un faubourg, gagnons les champs. D'énormes rochers granitiques sont éparpillés sur le sol. Dans les rafales, des nuages qui ont eux-mêmes la forme de rocailles, roulent vers une lointaine sierra dont les sommets recueillent en même temps la neige et la pluie. Où nous réfugier, dans cette désolation ? Devant nous, le couvent de

Couvent de Saint-Thomas.

Saint-Thomas nous procure un abri, tout au moins contre la tempête et la tristesse qui nous prend à contempler ces étendues désertes. Nous chanterions volontiers, comme Mireille :

Le cloître, enfin, m'ouvre ses portes.

(42)

Vers les ors d'un retable, un vieux moine nous conduit tran-

Les tours d'Avila.

quillement. Au milieu du transept s'élève, seul, le tombeau du prince Juan, fils unique de Ferdinand et d'Isabelle.

Tu Marcellus eris...

Lourdement étendu sur le socle massif, le pauvre enfant de marbre semble seul dans l'édifice immense. Vraiment, cette ville, ce pays, enseignent un héroïsme hautain qui n'est pas sans rudesse. Entre les pierres de ces landes bouleversées, retrouverai-je les fleurs parfumées du Tage?

Nous avons ainsi erré toute une journée d'églises en monastères et d'une tour à l'autre : remparts demeurés intacts qui servent encore à défendre les pauvres maisons de la cité contre les attaques du vent. En cette fin de mars, celui-ci, moins violent, peut-être, mais plus pénétrant que son confrère.

le mistral, conduit ses assauts avec un formidable entrain. De graves bergers, confondus dans la teinte sombre des petits murs primitifs qui rampent, çà et là, autour de la cité, nous regardent passer dans la tourmente.

En face d'une croix entourée de colonnes antiques et d'où l'on découvre très bien la ville dans toute son étendue, je m'étends au pied d'un gros rocher et j'esquisse une aquarelle. Le soir vient : il me reste juste assez de chaleur pour me relever. Tentons de retrouver à l'intérieur des remparts un dernier abri contre les tourbillons du vent. Au pas lent de son âne, un placide Sancho nous précède.

Retour à Avila.

Sur une petite place qu'un arbre aux larges branches protège,
en face de l'une des portes de la ville s'élèvent l'église et le couvent de Sainte-Thérèse. Là était autrefois la maison natale de
la sainte. L'édifice est d'une qualité architecturale ordinaire,
mais il évoque dans le souvenir un nom illustre. Sonnons à la
porte du couvent : un brave carme, qui
parle français, nous conduit à travers les
corridors et les autels. Nous redoutions un
mysticisme un peu intimidant et voici que
le bien-être de nous
sentir à l'abri des
intempéries nous
prend. Notre cice-
rone a l' « assent » ;
il a appris à Agen le
doux langage et on
devine en lui toute
la gaieté lumineuse
du Midi. Voici le pe-
tit jardin de Sainte-

Devant les remparts.

Thérèse : entre de hautes murailles, un minuscule carré de
gazon vert, et, emplissant ce puits profond, tout l'encens des
violettes de Parme qui garnissent ce tapis de verdure. « Vous
devez bien aimer cette statue, nous dit notre guide, en nous
montrant une médiocre sculpture, venue sans doute des abords
de Saint-Sulpice. Elle vient de Paris, ajoute-t-il, en riant,
mais nous ne l'apprécions pas. Sainte-Thérèse était une belle,

brave et robuste femme : cette maigre et pâle figure ne nous la rappelle pas. » Je crois que l'Espagnol réaliste a raison ; il se souvient que la grande sainte fut aussi une remarquable organisatrice et une excellente diplomate.

Un peu réchauffés, nous prenons congé de l'aimable religieux, dont l'hilarité ne peut se calmer à la vue des énormes cochons de pierre qui gardent l'escalier du petit musée installé sur la place. « Des bêtes informes — c'est très vieux — très vieux et des Allemands en ont offert dix-huit mille francs. Dix-huit mille francs, pour des cochons ! »

Qui dira les mystérieuses affinités qui rapprochent certains peuples et certains animaux ?

Faubourg d'Avila.

Abside de la cathédrale.

J'errais sans me lasser d'une église romane à l'autre, de Saint-Vincent où l'on voit un tombeau qu'un baldaquin gothique étrange apparente aux constructions indo-chinoises, à San Pedro ; mais c'est à la cathédrale que me ramène invinciblement mon désir. Etrange monument qui participe à la fois de la forteresse et de l'église : l'abside est incorporée au rempart et armée d'une double rangée de créneaux. Construite aux premiers âges gothiques, avec une façade en partie romane, la cathédrale d'Avila dominant sa couronne de tours semble de loin un gigantesque oiseau qui veille dans son nid sauvage. Demandons au robuste édifice qui nous écrase de sa masse son

5

éternelle leçon. Sur la haute façade, comme des oiseaux de proie à la porte des granges, des sirènes semblent clouées et deux lions enchaînés veillent à l'entrée du sanctaire. Ici s'arrête la joie du monde et sa volupté.

Le cloître a fermé ses arcades par des volets de bois et refuse la lumière du ciel même, adoucie par les verdures d'un maigre jardin.

L'intérieur est austère et sombre. Des colonnes rigides s'enfoncent dans des ombres profondes, nuages pour toujours prisonniers sous les voûtes.

Ainsi l'âpre Espagne refuse à ses fidèles l'ivresse facile de l'Italie et la douceur de la France. La cathédrale d'Avila n'aurait pu jaillir sur le sol de Florence ou parmi les jardins de Touraine, et pourtant, lorsque j'ai abdiqué mes sensations apprises, quelle suavité dans cette désolation, quelle sécurité dans cette force et quelle lumière auprès de ces ombres !

Déjà en regardant la tour, j'ai noté que les cloches étaient retournées et s'élançaient dans leur encorbellement, pareilles à deux vases splendides demandant au ciel sa rosée et prêts à la verser sur la terre.

Dans la cathédrale d'Avila un ouvrier, un paysan, je veux dire un homme de la race, mais sans éducation, s'agenouille et prie, en sentant dominer une force supérieure ; un artiste, un homme habitué aux jeux de la culture et de la pensée voit au moins s'exalter en lui ses plus nobles aspirations, mais un bourgeois jacobin dirait « allons nous réchauffer à l'auberge voisine ».

Il y a dans l'ombre d'une chapelle collatérale un petit tableau qui n'est fait que de l'or des auréoles et du croissant délié de

Cathédrale d'Avila.

la lune. Le temps a noirci tout le reste mais l'imagination et la tradition reconstituent la scène entière et dissipent les ténèbres, qui ont envahi toute la peinture.

Ainsi quand je regarde cet édifice obscur et profond, les masses noires ne me paraissent plus qu'un effet voulu par un artiste supérieur pour donner aux lumières leur maximum d'effet.

Le génie de l'Espagne est accessible, mais c'est un génie fortifié ; des retranchements en retardent plutôt qu'ils n'en empêchent l'accès. Après avoir franchi la sierra et les rochers de granit qui entourent Avila, il reste à pénétrer par les portes sévères des remparts. Le portail gardé par deux lions enchaînés donne entrée dans la cathédrale, mais tout d'abord la muraille du « coro » vous oppose sa lourde barrière. Tournez-la : approchez des grilles de la capilla mayor, voici le dernier rempart : tant de rudesse et tant d'austérité vont enfin livrer leur secret. Les dernières pièces de l'armure ont été enlevées : écoutez maintenant battre le cœur.

Au-dessus de l'autel, voici les divines peintures de Jean de Bourgogne. Elles sont mêlées à d'autres, mais l'œil les reconnaît bien. Plus qu'à Tolède, elles ont le charme et cette noblesse simple et grave qui est bien d'Espagne. Je ne peux détacher mes yeux de la Présentation au Temple et des panneaux voisins. Quelle fraîcheur et quelle lumière dans ces œuvres vieilles déjà de plus de quatre siècles ! La splendeur des ors s'harmonise aux couleurs modestes de la violette : voici, dans cette belle cathédrale qui semble accordée aux tons pleins et parfaits de la gamme d'ut majeur, une symphonie qui est essentiellement catholique.

Elle me donne l'enseignement d'Espagne et j'emporte un écho à travers les plaines désertiques qui précèdent Valladolid, je regarde sans tristesse ces plateaux désolés puisque je sais maintenant quelle fleur peut en jaillir, fleur qui m'est d'autant plus chère qu'elle ne se cueille pas sans effort et sans émoi par les mains mal apprêtées.

Avila : Tours, églises et chapelles.

Valladolid, sous la pluie, nous montre la voirie la plus déplorable du monde. C'est une ville d'étudiants, avec un admirable musée où des statues de bois, taillées pour les processions, atteignent parfois une puissance de vie et d'expression formidable. Devant une églisegothique je retrouve les statues brisées de nos portails. Les Français de la Révolution ont dû passer par là. Mais même dans ses déprédations notre race est artiste; d'un revers de sabre,

Valladolid : Saint-Benoît.

l'obscur imbécile, mutilant la statue d'un archange, croit avoir anéanti à jamais la pensée de l'artiste. Mais, précédant le marteau de Rodin, il ne l'a fait vivre que plus fortement. Dans ces anges privés de leur tête subsiste l'envol de la victoire de Samothrace.

La pluie est venue, balayant les tombes des officiers anglais du Monte-Ullio. Je me réfugie dans un cinéma qui déroule l'histoire noble et bouffonne du chevalier don Quichotte et de son fidèle serviteur Sancho, tous deux perdus et cavalcadant... dans les bois de Meudon.

Pasajes.

PARIS, IMPRIMERIE LEVÉ, 17, RUE CASSETTE.